AF211291

Kustantaja: BoD – Books on Demand, Helsinki, Suomi

Valmistaja: BoD – Books on Demnd, Nordestedt, Saksa

ISBN: 978-952-80-2571-9

Mikko Haaksluoto

SETÄ URPUTTAA

Ajatuksia vuosilta 2019 ja 2020

I

Toki idealistejakin tarvitaan
kun ihanteet asetetaan kyllin korkealle,
pieni osa niistä voidaan jopa toteuttaa.

Sitä paitsi
eihän ihanne olisi enää ihanne,
jos se olisi jo saavutettu.

Vasta kun sen menetin,
kaipasin sitä takaisin.
Kaipasin
koska en voinut sitä enää kokea.
Kaipasin
kun tiesin, ettei minun tarvinnut
enää kokea sitä uudestaan.

Se ei ole koskaan mennyt kaaliini
miksi tekniikan pitää koko ajan kehittyä
aina vain pitää keksiä yhä parempia laitteita,
yhä tehokkaampia menetelmiä.

Miksi emme voisi pysähtyä jollekin hyväksi
havaitulle tasolle,
tyytyä pienempään elintasoon?
Olen jarruneste.

Vanhoissa kirkkokunnissa se ymmärrettiin
jo aikoja sitten:
demokratia on huono vaihtoehto.

Oppi ja traditio eivät säily,
kun asiat päätetään huutoäänestyksellä.

Se tuntui silloin niin luonnolliselta
elämänmenon järjestykseltä.

Että jokainen kouluaamu
pienen kylän ala-asteella
aloitettiin virren veisaamisella
ja hartaushetkellä
että jokainen tyttö ja poika
risti kätensä
painoi päänsä opettajan johdolla,
urkuharmonin säestyksellä.

Se tuntui silloin itsestäänselvyydeltä.
Että lukuvuosi aloitettiin ja päätettiin
jumalanpalveluksella
että koulun joulujuhlassa lähes
kaikki ohjelma
oli kristillisperäistä
että käytännössä kaikki kylän lapset
tulivat sunnuntaina pyhäkouluun.
Se toi elämään lämpöä,
turvallisuuden tunnetta.

Kuka olisi silloin voinut uskoa,
että näistä kaikista asioista
saadaan tehtyä valtavia ongelmia
joskus kolmenkymmenen
vuoden päästä?

Totta kai
abortti on naiselle
kova koettelemus.
Yhtä asiaa
ei kuitenkaan muisteta:
että menettäähän
mieskin siinä lapsensa.
Sitä paitsi
nainenhan sen aina
loppupelissä päättää,
syntyykö lapsi vai ei.

Ei sitä käy kieltäminen
suomalainen työväenliike
on ollut etunenässä
ajamassa monia
hyviksi havaittuja muutoksia.

Saatiin
kahdeksan tunnin työpäivä
yleinen ja yhtäläinen äänioikeus
oppivelvollisuus
yhdenmukaisuus lain edessä
työterveyshuolto, irtisanomissuoja,
vuosilomalaki, opintotukijärjestelmä
ja niin edelleen.

Paljon hyvää entisten aikojen
vasemmistolaispoliitikot junttasivat läpi
asioita, jotka ovat olleet myöhemmille
sukupolville itsestäänselvyyksiä.

Mutta tehtiinkö sillä työllä
samalla suuri karhunpalvelus
koko yhteiskunnalle?
Luotiinko harhakuva, että elintaso
voi aina vain kasvaa
ettei palkkojen ja
sosiaalisten etuuksien
kohoamiselle ole mitään rajaa
että valtion kassasta
voidaan aina vain mättää
rahaa joka suuntaan
loputtomasti?

Yhdessä kysymyksessä
suomalainen työväenliike tosin
epäonnistui täydellisesti:
kieltolakia meillä ei edelleenkään ole.

Kovimman linjan vegaaneilla
tuntuu olevan suurempi huoli
eläimistä kuin ihmisistä.

Menisivät sitten
sanoista tekoihin
muuttaisivat itse
navettoihin asumaan
päästäisivät lehmät ja siat
omiin asuntoihinsa
nauttimaan
keskuslämmityksestä
ja muista nykyajan
mukavuuksista.

Tai luopuisivat samoin tein
vaatteistaan
asuisivat erämaassa
ihan ilkosillaan.
Petoeläimille olisi
ravintoa tarjolla!

16

Punaisen lihan syönti
se on valtava uhka
maapallon
ekologiselle tilalle.
Näin nämä koko ikänsä
urbaanissa ympäristössä
eläneet vihervasemmistolaiset
ikävät ämmät sanovat.

Mutta sehän ei tietenkään
ole mikään vaara ilmakehälle,
kun ulkomaille lennetään
suihkukoneella muina töinään
pitäähän kunnon humanistin
päästä tutustumaan
eri kulttuureihin.
Samoin vegaaniruokaa
pitää tuoda maailman ääristä
vaikka sitten lentorahtina.

Leningradissa saartoaikana
ihmisille kelpasivat ravinnoksi
seinätapetit ja nahkakengätkin.
Kaikki syötiin,
mitä suuhun saatiin
oli kyse
elämästä ja kuolemasta
päivästä toiseen.

Tuskinpa silloin
suurkaupungissa oli
ensimmäistäkään asukasta,
joka olisi kieltäytynyt
punaisen lihan syömisestä
tai maidon juomisesta
eettisten syitten takia.
Toisin sanoen
meillä nykyihmisillä
menee ihan liian hyvin.

II

Totta kai
maailmankaikkeus
on voinut saada alkunsa
niin ja niin monta
miljardia vuotta sitten.

Myös ihminen
saattaa olla
niin ja niin monen
miljardin vuoden kehityksen tulos
kalasta kädelliseksi, kahdella jalalla
kulkevaksi älykkääksi nisäkkääksi.

Piruako tuosta
enempää väittelemään
mutta koska tällä pätö asialla
ei ole hitonkaan vaikutusta
jokapäiväiseen elämääni,
väistän koko kysymyksen.

Että se nyt on vain niin,
että Jumala loi kaiken
kuudessa päivässä
ja lepäsi seitsemäntenä.

Tämä nykyinen maailma
se on niin levoton ja pelottava paikka
mikään ei ole pysyvää
pyhiä arvoja onko enää ollenkaan.

Siksi kaipaan
mahdollisimman muuttumatonta
kirkkoa
vuosisataisia perinteitä
kivitauluihin hakattuja oppeja.
Jotta voisin pysyä
omassa kuplassani
edes muutaman tunnin
kuukaudessa.

Sen olen huomannut
ne kovimman linjan uskovaiset
löytyvät vapaa-ajattelijoiden
joukosta.

He pitävät
kaikkein tiukimmin kiinni
omista käsityksistään,
omista oikeuksistaan
eivät anna tuumaakaan periksi
toitottavat eniten
omaa vakaumustaan
puoltavat fanaattisimmin
omia argumenttejaan.

Melkein joka kaupungista
tuntuu löytyvän se joku
eskoaspivaara tai hannueklund.
Joka on aina loukkaantunut
jollekin kristilliselle yhteisölle
jauhaa lehtien
yleisönosastokirjoituksissa
samoista asioista
vuodesta toiseen.

Mutta mitä varten
he oikein saarnaavat?
Suomessahan on ollut
uskonnonvapaus
jo liki sata vuotta.
Avioliiton on voinut solmia
maistraatissa
uskonnon opiskelun korvata
siveysopilla tai
elämänkatsomustiedolla
sotilasvalan juhlallisella
vakuutuksella, ristiäiset
nimiäisillä ja niin edelleen.
Eli paljon puhetta tyhjästä?

Toisaalta se on niin,
että siihen ensi vaikutelmaansa
kannattaisi uskoa.
Jos ihminen on
vaikkapa sairaalloisen nuuka
tai kovin arvonsa tunteva,
se tulee yleensä ilmi
aika nopeasti.

Monelta murheelta
olisin välttynyt,
kun vain olisin
luottanut enemmän vaistooni,
siihen mututuntumaani.

Vilauttelivat tissejään
linnan juhlien jatkoilla.
Naisten pitää saada olla
yläosattomissa
kun kerta miehetkin
saavat oleskella uimarannalla
ilman paitaa
ja vielä terassillakin!

Hoh hoijaa –
mitä seuraavaksi?
Nostetaanko mekkala siitä,
kun naiset eivät voi pissata
seisaallaan
omissa vessoissaan?

Nämä tietyn linjan poliitikot
vaativat kannabiksen käytön
laillistamista.

Heidät voisi viedä ekskursiolle
niihin paikkoihin, joissa narkkareita
koetetaan hoitaa ja kuntouttaa
ihan paikallaan olisi heidän nähdä
omin silmin,
mihin se tie voi johtaa
kun kolmekymppisinä jo ollaan
miltei liikuntakyvyttömiä,
pää pehmeänä, ilman hampaita.

Niin kai se usein menee,
että kierre alkaa juuri siitä
harmittomalta tuntuvasta
pilven polttelusta.
Miksi poliiseja ja päihdetyöntekijöitä
ei kuunnella enemmän?
Heitä, joilla olisi se ensi käden tieto
ruohonjuuritasolta?

Olihan se herttaista ja söpöä,
kun saimaannorpppapariskunta
sai ensimmäisen kerran kuutin
Puruvedellä.
Mutta missä menee kohtuus?
Jos siis tällä perusteella kielletään
verkkokalastus koko järvestä?

Iät ja ajat leivänjatketta on
hankittu järvestä
joillekin se on ollut jopa elinkeino.
Se ei tietenkään ole mikään
ympäristöongelma, kun kalaa
lennätetään ulkomailta.
Sillä saimaannorppaa täytyy suojella
jääköön lähiruoka järveen.

Oikeastaan
en yhtään ihmettelisi,
jos jollakulla vanhalla jäärällä
tulisi mitta täyteen.
Kun se norppaperhe
ammuttaisiin hirvikiväärillä
yön pimeydessä.

Se on helppo valinta
joululahjaksi tai synttäripakettiin:
Finlandia-palkittu romaani.

Se on sitten aivan eri asia,
kuinka moni sen oikeasti lukee.
Vai pölyttyykö se vain
kirjahyllyssä koskemattomana
tai pari kertaa avattuna.

Silti parempi väki
jonkin aikaa sitä sujuvasti kehuu
ja hehkuttaa
toistaa arvostetun kriitikon sanoja
kuin kuuliainen apinalauma.
Vuoden tai kahden päästä
monikaan ei enää edes muista
koko opusta
jo seuraavan joulun alla
sen voi saada marketin alekorista
viidellä tai kuudella eurolla.

Vanhana hyvänä aikana
telkkarissa oli vain kaksi kanavaa.
Mutta silloin niitä harvoja leffoja
ja ohjelmia ihan oikeasti katsottiin,
seurattiin sitäkin tarkemmin.
Ei ollut yletöntä valinnanvaraa.

Nyt vain surffaillaan levottomina
kanavalta toiselle
mitään ei kunnolla katsota
myös turhanpäiväisiä
hömppäohjelmia
on koko ajan vain enemmän.
Ennen oli paremmin
siinäkin asiassa.

Keräsin aikoinaan vinyylilevyjä.
Se oli aina juhlahetki,
kun löysin divarista
jonkin himoitsemani
Led Zeppelinin tai Deep Purplen
levyn
ne kuunneltiin alusta loppuun
kymmeniä kertoja.

Nyt kaiken haluamansa musiikin
saa netistä muutamalla napin
painalluksella.
Mutta ei siinä ole enää sitä
samaa fiilistä
kun kaikki tapahtuu niin helposti
ei ole enää etsimisen jännitystä,
eikä löytämisen riemua.

Tarjonta on runsaampi kuin koskaan
silti kuunnellaan vain yhdet ja samat
kappaleet
valikoima kapenee
radiokanavien soittolistoillakin.
Voi tätä aikaa,
voi tätä laiskuutta.

Sitä aikaa pelkään.
Että milloin tulee se päivä,
jolloin e-kirja on syrjäyttänyt
täydellisesti painetun kirjan.

Kun en enää saa
loikoilla sohvalla
kirja kädessä
käännellä sivuja
pyöritellä ihan oikeaa kirjaa
edessäni
mennä sen kanssa vaikka
vessaan.

Tai kun en saa enää kävellä
kirjastossa hyllyjen välissä
pysähtyä jonkin kiinnostavan
opuksen kohdalle.

Pysähdy kehitys!
Edes tässä yhdessä asiassa!

III

Totisesti totisesti olisi paikallaan,
että jokainen ministeri laitettaisiin
muutamaksi kuukaudeksi elämään
minimitoimeentulolla.

Se toisi ihan uutta näkemystä
päätösten tekemiseen.
Kun he näkisivät ja kokisivat
sen karun todellisuuden
kuinka moni pitkäaikaistyötön,
yksinhuoltajaäiti tai pieneläkeläinen
joutuu vain elää kitkuttelemaan
päivästä toiseen.

Kyllä kommunismi voi toteutua –
yhden perheen sisällä.
Mutta siihenpä se sitten taitaakin
jo pysähtyä
kahden perheen yhteinen talous
on jo siinä ja siinä.

Se on aina mennyt
väärinpäin.
Rikkaissa yhteiskunnissa
perheet ovat olleet pieniä
ja köyhissä suuria.

Tuskin olen ainoa,
joka sitä ajattelee
salaa mielessään.
Että miksi WHO ei aloita
laajamittaista
pakkosterilointiohjelmaa
kolmannessa maailmassa
yhden lapsen perhemalli
olisi ratkaisu.

Eihän toista ihmistä
voi mieleisekseen muuttaa.
Mutta voihan se toinen
itse ainakin vähän muuttua,
kun hänelle jaksaa paasata
riittävän kauan.

Sitä haikaillaan takaisin
vaikka toisaalta tiedetään,
että pitkässä juoksussa
se olisi sula mahdottomuus.
Että parisuhteessa voisi
aina säilyä se sama intohimo
kuin alussa.

Kaikki muu elämä
jäisi elämättä,
jos aina vain tilaisuuden tullen
oltaisiin virtsaputket vastakkain.
Mutta jäähän siitä sentään
ne muistot.

Se on rakkausliittojen seurausta
se että pitää saada monta kertaa
turpaansa
ennen kuin sitä oppii elämään
yhden kumppanin kanssa.

Jossakin toisessa
maailmanajassa
sitä olisi vain suhtautunut
ihan eri tavalla
koko juttuun
alusta lähtien.
Että se nyt on vain niin,
että toinen pitää hyväksyä
kaikkine puutteineen
ja virheineen.

Monin verroin selkeämpää
elämä silloin varmaan oli
kun ei ollut vaihtoehtoja
eikä hömppälehtiä
ja parisuhdeterapeutteja
päätä sekoittamassa.

Sitä aina vakuutellaan:
kyllä lapset eroon sopeutuvat.
Niin
kai he siihen pakon edessä
jotenkin alistuvat
kun ei ole muuta mahdollisuutta
kuin hyväksyä
vanhempien synnit.

Eihän lasten mielipidettä
koskaan oikeasti kysytä.
Seuraukset nähdään
vasta vuosien päästä.

Mielenkiinnolla
jään seuraamaan sivusta,
kuinka pitkälle siinä mennään.

Poistetaanko Raamatusta
ne kohdat,
jotka loukkaavat
seksuaalivähemmistöjä.
Otetaanko jälleensyntyminen
ja sielunvaellus
osaksi kirkon oppia.
Luovutaanko kolminaisuudesta,
heitetäänkö ylösnousemususko
romukoppaan,
kun nyt kirkolliskokous
vain päättää niin.

Tämähän olisi vain
luonnollista seurausta
sille hallintatavalle,
sille maailman kanssa veljeilylle,
jota kansankirkko on
jo vuosikymmeniä harjoittanut.

Kliseitä, kliseitä
niitä on liikaa tekstissä
sitähän ne monet kriitikot
aina vinkuvat.

Totuus kuitenkin on,
että niitä paljon
manattuja kliseitä
useimmat meistä toistelevat
jokapäiväisissä
keskusteluissaan.

Kumma juttu sitten olisi,
jos ne eivät päätyisi
myös kirjojen sivuille.

Miksi kirjailijalla
ei ole aiheesta mitään
uutta ja raikasta
sanottavaa?
Mitä ihmeen
uutta ja raikasta
arvoisa kriitikko?

Kirjoja on kirjoitettu
tässäkin maassa
jo liki kaksi sataa vuotta.
Kaikki olennainen lienee
jo moneen kertaan sanottu.
Loppujen lopuksi
kaikki on vain entisen toistoa
hieman eri muodossa vain.

Onhan siinä
omat kiistämättömät etunsa
olla vain pienkustantamojen
kirjailijantekele.

Ei tarvitse olla
kenenkään talutusnuorassa
on täydellinen työrauha.
Eivät ole lukijat tai toimittajat
kimpussa,
että mitä sinä nyt kirjoitat.
Ei ole paineita
seuraavan kirjan kritiikistä
tai tason laskemisesta,
koska eihän
niitä aikaisempiakaan
erityisemmin ostettu
ja huomattu.
Kovin korkealta
en voi tippua.

IV

Maalaisjärjellä ajatellen
firman toimintaa ei kannata
kovin kauan jatkaa,
jos se tuottaa
vuodesta toiseen
vain tappiota.
Kun kulut ovat koko ajan
suuremmat kuin tulot.

Miksi Suomi kuitenkin
vain pysyy
Euroopan Unionissa?
Vaikka on siinä aina
nettomaksajana?

Menivät lakkoon
painostivat siihen minutkin
kikytunnit pitää saada pois
niin perustelivat.

Uskottavuusongelmia
siinä kuitenkin tuli
mekö muka raatajia ja kärsijöitä
me jotka
asumme omistusasunnoissa
tai omakotitaloissa
me jotka
ajamme hienoilla autoilla
ja ostelemme veneitä
ja moottoripyöriä
huvin vuoksi.
Jos ihmisellä on varaa
käydä monta kertaa vuodessa
ulkomailla,
mikä köyhä ja sorrettu
hän silloin on?

Se on yleensä
vaarallinen merkki,
kun mistä tahansa asiasta
aloitetaan
yleinen keskustelu.

Käytännössä
asia on silloin jo päätetty
olipa sitten kyse
koulun lakkauttamisesta,
kuntaliitoksesta
tai EU-jäsenyydestä.

Eri näkemyksiä
toki kuunnellaan
muodollisesti ainakin,
jotta näennäinen
demokratian malli
saadaan toteutettua.

Se jäi mieleen kouluajoista:
laiskimmat ja kehnoimmat opettajat
teetättivät eniten ryhmätöitä.

Ikävä muisto
niistä ryhmätöistä jäi muutenkin
se kun tarkoitti melkein aina sitä,
että yksi tunnollinen teki
ja kolme muuta
vain katsoi vieressä ja piti hauskaa.

Kasvatustieteilijät
heihin on aina
syytä suhtautua
suurella varauksella.
Nämä tomppelit
kai sen joukko-opinkin
aikoinaan tunkivat
matematiikan opetukseen.

Ja sitten siitä
vain luovuttiin
kaikessa hiljaisuudessa,
kun huomattiin,
etteivät teini-ikäiset
osanneet enää edes
peruslaskutoimituksia.

En voi olla tuntematta
hienoista vahingoniloa
ähäskutti
siitäs saitte.

Ihmisen
rakentaman systeemin
piti olla erehtymätön
silti yksi pieni virus
sai kaiken sekaisin.

Jotain hyvää tässä
koronaviruspandemiassakin
nyt hallituksella on
ihan oikeitakin kysymyksiä
ratkottavana.

Kauniit naisministerit
saavat pohtia nyt muutakin
kuin niitä pilipaliasioitaan.
Että kuinka liikennemerkit
voidaan päivittää
sukupuolineutraaleiksi
tai että onko isä lakikielessä
isä vai siittäjä
tai että onko äiti lakikielessä
äiti vai synnyttäjä.

En tahtonut

tuntea häntä

henkilökohtaisesti

en tahtonut

nähdä häntä

nokat vastakkain

hukkaan olisi silloin

mennyt kunnon kiukku.

Tätä on someraivo.

Ymmärrän heitä
suuria diktaattoreja
tuntemattomia massoja
on helppoa vihata.

Tämähän toteutuu
internetin
ihmeellisessä maailmassa
naamakirjan
keskustelupalstoilla
ja niin edelleen.
Someraivoon
olen itsekin syyllistynyt
pelkkien kasvojen kanssa.
Se on toki erona
Hitleriin ja Staliniin,
ettei meillä nettisurffaajilla
ole yleensä
mitään todellista valtaa.

Kuinka Pirkka-Pekka Petelius
vajosi niin alas,
että alkoi pyydellä anteeksi
vanhoja tv-sketsejään.
Mutta ihmekös tuo
kun miettii sitä,
minkä ryhmän riveissä
hän nyt marssii,
kenen lauluja laulaa.

Eihän tv-huumorissa
ole mitään munaa,
jos siinä ei pilkata yhtään
jotain ihmisryhmää.
Se on sitten vain sellaista
sovinnaista hymistelyä,
joka ei naurata
oikeasti juuri ketään.

Voisin tietenkin
ostaa kirjakaupasta
mustan paperin
esitellä sitä ihmisille
todistella kaikin tavoin,
että paperi on valkoinen.
Että valkoinen se nyt on,
vaikka näyttääkin
ihan mustalta.

Yhtä epätoivoista
on väittää,
ettei Raamattu ole
homovastainen kirja
paperi pysyy mustana,
vaikka sitä kuinka
seliteltäisiin
ja pyöriteltäisiin.
Mutta tämä on vain
toteamus
ei sen erityisemmin
mikään kannanotto.

V

Purkivat hyväkuntoisen koulun

maantasalle

hometta

hometta

siellä on!

lät ja ajat rakennuksissa

sitä on ollut

niin niin

mutta kun ehdottoman luotettava

homekoirakin sen haistoi

eihän siinä sitten auttanut kuin lyödä

koko tönö tuhannen päreiksi

ja rakentaa uusi tilalle.

Näin käy,

kun hysteerikoille annetaan valta

päättää asioista.

Mutta onhan tässä ilmiössä

hyväkin puoli:

meille rakennusalan ihmisille

on taas töitä.

Se on väärin,
jos opettaja antaa opiskelijalle
tiedon valmiina
itse
itse pitää kaikki tieto hakea.

Se on väärin,
jos opiskelijoita kuormitetaan
liialla muistamisella
ja ulkoa opettelulla
luovasti
luovasti heidän pitää
kaikki ajatella.

Näihin
hienoihin periaatteisiin vedoten
monet
ammattikorkeakoulun opettajat
pesivät kätensä
omista velvollisuuksistaan.
Lisääntyneen etätyöskentelyn
ja omatoimisen oppimisen
tulokset
nähdään sitten työelämässä.

Mutta mitäpä tuosta –
eihän kyse ole kuin
Suomen tulevaisuudesta.

Auttamisessa
ja ymmärtämisessä
on aina vaaransa.
Että se vastapuoli
alkaa kohta
pitämään sitä
itsestäänselvyytenä,
muuttuu lopulta
suorastaan röyhkeäksi.
Että hänelle kehittyy
orjan moraali.

Hieno rouva
ostaa reilun kaupan kahvia
hän pelastaa
kolmannen maailman
nälkää näkevät.
Hieno rouva
on suuri eläinten ystävä
hänen kissansa
syövät paremmin
kuin Aasian
ja Afrikan katulapset.

Hieno rouva
osallistuu ydinvoiman
vastaiselle marssille
hän pelastaa
Suomen luonnon.
Hieno rouva
on suuri humanisti
ja kansainvälinen
siksi hän matkustaa
viisi kertaa vuodessa
ulkomaille
suihkukoneella.

Samaan aikaan hän kuitenkin
vastustaa yksityisautoilua
ja koivuhalkojen polttamista
haja-asutusalueella.

Sen olen huomannut
ne jotka itseään
suvaitsevaisiksi mainostavat
he ovat itse useimmiten
hyvin rajoittuneita
ja yksioikoisia.
Vain pienikin askel poispäin
omalta mukavuusalueelta,
kun ollaan jo nyrkit pystyssä
täynnä tulta ja tappuraa
heti vastahyökkäykseen
lakiin ja oikeuteen vedoten.

Ja se
maahanmuuttajamyönteisyyskin
se voisi monellakin suvakilla
päättyä aika lyhyeen.
Kun vain se tosi tilanne tulisi
kun pitäisi jakaa oma asunto
jonkun irakilaisperheen kanssa
kuukauden verran
kun jokainen aamu alkaisi
joikuvalla rukouksella
ja muilla
muslimien kummallisuuksilla.

Sen luulisi olevan
demokratiassa
itsestäänselvyys.
Että vähemmistö elää
enemmistön ehdoilla
tyytyy osaansa
vähin äänin.

Mutta eihän se näin
käytännössä ole
ei ainakaan täällä Suomessa.
Usein tuntuu,
että passiivinen enemmistö
joutuu elämään täällä
aktiivisen vähemmistön
sanelun mukaan.

Oli aika,
jolloin heidän piti elää kaapissa
oli aika,
jolloin heidän piti pelätä,
ettei heitä hakata henkihieveriin
ravintolan pihalla
valomerkin jälkeen.
Jotkut joutuivat
jopa ulkomaille asti pakenemaan
poikkeavuutensa vuoksi
silloin tunsin heitä kohtaan
suurta myötätuntoa.

Mutta sitten tuuli kääntyi
olot ja asenteet vapautuivat
lainsäädäntökin muuttui.
Koko porukka alkoi tuntua
vastenmieliseltä
kun sillä erilaisuudella
suorastaan jo ylpeiltiin
ja kun käytös muuttui
lähinnä röyhkeäksi.

Ne helvetin kulkueet
ne saivat sen aikaan
ne kulkueet.

Sitä ei sanota
juuri missään ääneen
varmaan kuitenkin
monet ajattelevat
ihan samaa.

Onko tämä
luonnon vastaisku
liikakansoitukselle
ja kerskakulutukselle
kenties jopa
Jumalan rangaistus
ihmiskunnalle.

Tosiasiahan on,
että meitä on liikaa.
Eikä luontoa ole juuri ajateltu,
kun kaikessa on pitänyt aina
olla niin tehokas
kehittyä aina eteenpäin.

Luotiin tehomaatalous
ja suurteollisuus
kehitettiin kai liian hyvä
terveydenhuoltojärjestelmä.
Ei muistettu,
että samaan aikaan
aiheutettiin ilmastonmuutos
ja aivan liian suuri populaatio.
Näyttääkö luonto nyt
voimansa?

Niin kauas kuin muistini kantaa,
meitä maaseudun kasvatteja
on aina väheksytty.
Koko Suomi on yritetty keskittää
kehäkolmosen sisäpuolelle
maatalouden ylituotannosta
ja kannattamattomuudesta
on aina puhuttu.

Nyt pääkaupunkiseudun ihmiset
kuitenkin pakenevat paniikissa
maakuntiin
tämän koronaviruspandemian
vuoksi
sinne halveksittujen
maalaismoukkien keskelle.

Jotain hyvää tässäkin
ehkä ymmärretään jatkossa,
että Suomea on muuallakin.
Kenties maanviljelijä
ja kalastaja
ovatkin kohta
arvostetuimpia ammatteja.
Sillä niinhän se on,
että alkutuotanto on
kaiken aa ja oo
kun oikein ääritilanteeseen
mennään.
Elettiinpä missä tahansa
yhteiskunnassa,
syömistä ja juomista
aina tarvitaan.

Tässä tilanteessa
osaa olla tyytyväinen
pienestäkin.
Kun voin vielä
käydä töissä
ja jopa syödä
ruokalassa.

Niin
eihän nämä asiat
muutenkaan
ole itsestäänselvyyksiä
sitä ei vaan yleensä
tule edes ajateltua.

Tässä tilanteessa
tajuaa senkin,
kuinka keksittyä
kaikki kiireemme
toisaalta on.

Mitään sen
kauheampaa
ei tapahdu,
vaikka illat vietetään
neljän seinän sisällä
oman perheen
keskuudessa
eristyksissä
muista ihmisistä.

VI

Kun joku sanoo asiat
naulankantaan
kun joku vääntää asiat
rautalangasta
niin että sen
mattimeikäläinenkin
voi käsittää
sen kaiken voi tietenkin
kuitata yhdellä tokaisulla.
Tuo on populismia.

Yksi asia lienee muuttumaton:
johtajat haukutaan aina.
Paitsi silloin,
kun tulee riittävän suuri kriisi.
Silloin melkein kenestä tahansa
johtajasta
voi tulla suuri sankari
ihan niillä välttämättömillä
ratkaisuilla vain.

Niin sanoi
edesmennyt
Pentti Linkolakin
ei ihminen ole
mikään lintu,
jonka pitäisi liidellä
maasta toiseen.
Ulkomailta
se koronaviruskin
tänne tuotiin.

Karkkarin vanha rouva
pääsee nyt kerrankin
kunnolla pätemään
tällaisena poikkeusaikana.

"Turvaväli kiitos!"
rääkyy jo kaukaa
ennen kuin on kunnolla
edes rinnalle ehtinyt.

Säikyttelee lapsiperheitä
purkaa pahaa oloaan kai.
Hiipii takaapäin
eikä tietenkään jää
reilusti juttelemaan
turvaväleistä.

Kunnollinen kirjakritiikki –
se alkaa olla lehdistössä
harvinaista herkkua.
Kiireisillä toimittajilla
ei ole siihen aikaa
ammattikriitikoille kai
maksetaan liian vähän.

On tietenkin helppoa
kuitata koko homma
henkilöhaastatteluilla
ja kirjaesittelyillä.
Toimittajat panevat
päänsä pensaaseen
eivät ota mitään kantaa
kirjojen sisältöön.

Itse asiassa
se olisi vain suuri kunnia,
jos joku
nimekkäämpi kriitikko
löisi teokseni lyttyyn.

Eihän negatiivinen palaute
ole muutenkaan pahinta.

Pahinta on hiljaisuus
kun kirja ei herätä
minkäänlaisia tunteita
puolesta tai vastaan.

Naispappien saarnoista
jäi aina kummallinen fiilis.
Miksi edes olla kristitty,
jos kerta koko maailma
pelastuu?
Miksi edes
julistaa evankeliumia
tai tehdä lähetystyötä,
jos kerta helvettiä
ja Saatanaa ei ole?

Sukupuolineutraali avioliitto
mitä tuota enempää vatvomaan,
kun kerta kansan enemmistö
on jo kääntynyt sille kannalle.

Minulla on ollut siihen ratkaisu
jo vuosia.
Että kaikki avioliitot
solmittaisiin maistraatissa
silloin yhdenkään papin
ei tarvitsisi kamppailla
omatuntonsa kanssa.
Maailma ja todellinen kirkko
eivät voi kuitenkaan
kulkea yhtä jalkaa.

Se jäisi sitten
jokaisen kirkkokunnan
harkittavaksi,
mille liitolle he antavat
siunauksensa ja mille eivät.
Tämähän olisi tasapuolista
kaikille
kun nyt sitä
tasa-arvoa joka paikassa
niin toitotetaan.

Lisääntyminen voitaisiin
toteuttaa suosiolla
biologian ehdoilla.
Jos joku ei saa jälkikasvua
perinteisillä luonnon keinoilla,
hän voi tietenkin tehdä
virallisen valituksen
Jumalalle.

Sehän olisi vain suuri
ympäristöteko,
kun homot ja lesbot
pariutuisivat yhä enemmän;
he kun eivät lisäänny
luonnostaan.

Kuka olisi voinut uskoa
vielä kymmenenkään vuotta sitten,
että joskus tulee päivä,
jolloin Raamatun siteeraaminen
pamfletissa on rikos.
Niin suuri rikos,
että oikein
viidentoista vuoden takainen
teksti nostetaan esille
ja kansanedustaja marssitetaan
tuntikausiksi poliisikuulusteluihin.

Onko Suomi enää oikeusvaltio?
Onko täällä enää sananvapautta?

En aikaisemmin juuri digannut
Päivi Räsästä
tämän tapauksen jälkeen
käänsin kelkkani.
Tuskinpa se olisi ketään edes
kiinnostanut,
jos joku islamilainen poliitikko
olisi lainannut Koraania
omassa pamfletissaan.

Missä menee kohtuus?
Kiihottaminen
kansanryhmää kohtaan?

Vasta sitten se olisi mielestäni
perusteltu syytös,
kun tämä pieni hento Päivi
olisi yllyttänyt tarttumaan aseisiin.
Että varustautukaa
pesäpallomailojen, nyrkkirautojen
ja moottorisahanketjujen kanssa
ja menkää sitten sabotoimaan
Pride-kulkuetta.
Tai että heitelkää polttopulloja
ja omatekoisia käsikranaatteja
Setan toimipisteisiin.

Niin.
Missä menee kohtuus?
Kuinka oikeuslaitoksemme
ylipäätään
alentui tälle tasolle?

VII

Se toistuu aina
sukupolvesta toiseen
niin on aina mennyt
oppositio haukkuu hallitusta
ja toisinpäin.
Kun valta vaihtuu,
taas jatkuu sama peli
asetelmat vain muuttuvat.

Jotain kieroa
oikeustajussani
on kai aina ollut:
lähestulkoon poikkeuksetta
olen elokuvissa ja kirjoissa
luonnostani
konnan ja roiston puolella.
Kun poliisia ja oikeuslaitosta
oikein kunnolla nöyryytetään
ja huijataan,
myhäilen tyytyväisenä.

Tieteellinen tutkimus
siihen on aina hyvä vedota,
kun eettisistä valinnoista
tai uusista lakiesityksistä
keskustellaan.
Että kun siinä
amerikkalaisessa
tutkimuksessakin
on nyt niin ja niin todettu.
Tai kun siinä
ranskalaisessa
tutkimuksessakin
on se ja se todeksi osoitettu.

Mutta onko
puolueetonta tutkimusta
olemassakaan?
Tuloshan
saadaan kikkailemalla
näyttämään
melkein miltä vain
kun yhtä puolta vähätellään
ja toista korostetaan.
Aika usein tutkimus on
kovin tutkijansa näköinen.

Toisille
maailman parantaminen
on perin helppoa
tehdään vain ex tempore
jokin biisi,
jokin Pidä huolta
tai Give peace a chance.
Sen jälkeen vain odotellaan,
kuinka kaikki maailman
ongelmat ratkeavat.

Niin kai se menee
monen kirjabloggarin
ja kriitikon kohdalla.

Kun kirjan aihepiiri
on tuttu ja henkilöt
miellyttäviä ja kiinnostavia,
paljon annetaan
kirjailijalle anteeksi
teoksen rakenteessa
ja kerrontatavassa.
Suoranaisia asiavirheitäkin
katsotaan silloin
läpi sormien
eikä kielen ajoittaista
kömpelyyttä
ja keinotekoisuutta
silloin edes huomata.

Mutta auta armias,
kun astutaan bloggarin
tai kriitikon
mukavuusalueelta ulos.
Kun teos käy tökkimään
jo ensimmäisillä sivuilla,
sitten siitä löydetään
koko ajan vain enemmän
narisemisen aihetta
ne mahdolliset kirjan ansiotkin
jäävät silloin huomaamatta.

Mutta mutta
en kai minä itsekään
ole lukijana sen kummempi.

Toiselle kirjalleni
vielä pidin julkkarit
paikalle saapui lisäkseni
peräti kahdeksan ihmistä.
Kirjaa ei ollut saatavilla
ei ehtinyt kustantaja
toimittaa sitä paikalle.

Muuan hieno rouva
eksyi tilaisuuteen
kertoi olevansa suuri
dekkarien ystävä.
"Ei kai siinä sinun kirjassasi
kiroilla kovin paljon?
Minä kun en kiroilua
siedä juuri ollenkaan",
rouva selvitti.

Lukunäytteen jälkeen
hieno rouva sitten häipyikin.
Nousi mieleen muuan juttu
dekkareissa tapetaan
ihmisiä
eikä se ole mitään
se on vain jännää
ja kiehtovaa.
Mutta annahan,
jos kirjassa sanotaan
liian monta kertaa
vittu tai perkele –
sitten mieli heti järkkyy.

Onhan se
vähän sellainen
ikävä tyyppi
aika ajoin suorastaan
rasittavakin.

Yksi suuri ansio
hänellä kuitenkin on:
osaa nauraa itselleen.

Siksi hänelle voidaan
antaa paljon anteeksi.

Paska jätkä hänkin on
monessakin mielessä.
Yksi ominaisuus kuitenkin
kohottaa hänet
monen muun yläpuolelle:
hän pitää aina sanansa.
Perin harvinaista se on
näinä aikoina.

Katsotaan
sitten myöhemmin.
Mitä se tarkoittaa
käytännössä?
No yleensä sitä,
ettei kyseiseen asiaan
enää koskaan palata.

Onko se toisaalta
mikään ihme
enemmänkin
luonnollinen seuraus vain
että näitä
fanaattisia kettutyttöjä,
raivomielisiä uusnatseja,
vegaanivouhottajia,
kiihkeitä anarkistinuoria,
zenbuddhalaisia totuuden etsijöitä,
ja muita hörhöjä on niin paljon.

Kun perinteisiä pyhiä arvoja
on poljettu lokaan
vuosikymmenten ajan,
jotain uutta on täytynyt löytää
niitten tilalle.
Koti, uskonto ja isänmaa –
mitä vikaa tässä ajattelussa
loppujen lopuksi on?

Kuinka se
masentaakaan.
Kun oikein
sydänverellä
kirjoittaa
jonkin pitkän
sähköpostiviestin
vuodattaa siihen
kaikki tunteensa
ja ajatuksensa
ja kun toinen vain
kuittaa ok.